Impressum
Verlag: BABADADA GmbH, Nedderfeld 112 , 22529 Hamburg
Geschäftsführer / Verlagsleitung: Harald Hof
Druck: Books on Demand GmbH, In de Tarpen 42, 22848 Norderstedt

Imprint
Publisher: BABADADA GmbH, Nedderfeld 112 , 22529 Hamburg, Germany
Managing Director / Publishing direction: Harald Hof
Print: Books on Demand GmbH, In de Tarpen 42, 22848 Norderstedt

ትምህርት ቤት

shule

መማሪያ ክፍል
sajili
ማካፈል
kugawanya
186/2
ሰሌዳ
ubao
የትምህርት ቤት ቅጥር ግቢ
መምህር
mwalimu
ወረቀት
karatasi
kuandika
kalamu
መፃፊያ ጠረጴዛ
dawati
ማ መሪያ
rula
መጽሐፍ
kitabu
ተማሪ
mwanafunzi

የጀርባ ቦርሳ
mkoba

የእርሳ መያዣ
kikasha cha penseli

እርሳ
penseli

የእርሳ መቅረጫ
kichonga penseli

ላጲ
mpira

የ ዕል ደብ ተር
pedi ya kuchora

ስዕል

uchoraji

የቀለም ብሩሽ

brashi ya rangi

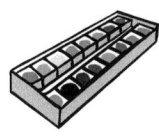

የቀለም ሳጥን

sanduku la rangi

መቀስ

mkasi

ማጣበቂያ

gundi

መልመጃ ደብተር

daftari

የቤት ስራ

kazi ya nyumbani

12

ቁጥር

nambari

2+2

መደመር

jumlisha

5-2

መቀነስ

ondoa

2×2

ማባዛት

zidisha

ቁጥሮችን ማስላት

kokotoa

A

ደብዳቤ

barua

ABCDEFG HIJKLMN OPQRSTU VWXYZ

ፊደላት

alfabeti

ቃል

neno

ፅሑፍ

maandishi

ማንበብ

kusoma

ጠመኔ

chaki

ትምህርት

somo

ምዝገባ

sajili

ፈተና

uchunguzi

ሰርተፊኬት

cheti

የትምህርት ቤት የደንብ ልብስ

sare za shule

ትምህርት

elimu

አዉደ ጥበብ

elezo

ዩኒቨርስቲ

chuo kikuu

የምርምር አጉሊ መሳርያ

darubini

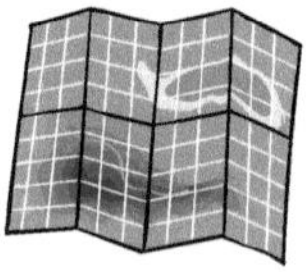

ካርታ

ramani

የቆሻሻ ወረቀት መጣያ ቅርጫት

kikapu cha kuweka karatasi chafu

ሆቴል
hoteli
ረፊያ ቤት
hosteli
የዉጭ ገንዘብ ምንዛሬ ቢሮ
ofisi ya ubadilishanaji
ልብስ መያዣ
ሻንጣ
sanduku
መኪና
gari

ቋንቋ

lugha

አዎ/ አይደለም

ndiyo / la

እሺ

sawa

ሰላም

hujambo

አስተርጓሚ

mtafsiri

አመሰግናለሁ

Asante

ስንት ነዉ.......?

kiasi gani ni ...?

አልገባኝም

Sielewi

እክል

tatizo

እንደምን አመሹ!

Jioni njema!

እንደምን አደሩ!

Habari za asubuhi!

መልካም ምሽት!

Usiku mwema!

ደህና ይሰንብቱ

kwa heri

አቅጣጫ

mwelekeo

ሻንጣ

mizigo

ቦርሳ

mfuko

የጀርባ ቦርሳ

shanta

እንግዳ

mgeni

ክፍል

chumba

የመተኛ ቦርሳ

begi la kulalia

ድንኳን

hema

የቱሪስቶች መረጃ
....
taarifa ya utalii

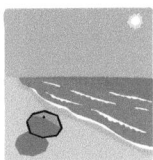

የባህር ዳርቻ
....
ufuo

ክሬዲት ካርድ
....
kadi

ቁርስ
....
kifunguakinywa

ምሳ
....
chakula cha mchana

እራት
....
chakula cha jioni

ቲኬት
....
tiketi

አሳንሰር
....
kuinua

ማህተም
....
muhuri

ድንበር
....
mpaka

ባህሎች
....
mila

ኤምባሲ
....
ubalozi

ቪዛ/የይለፍ ወረቀት
....
viza

ፓስፖርት
....
pasipoti

መጓጓዣ

usafiri

አ ሮፕላን
ndege
መር ብ
meli
የእሳት አደጋ መኪና
injini ya moto
የጭነት መኪና
lori
አ ቶብስ
basi
የ ተር ጀልባ
motaboti
ብስ ሌት
baiskeli
መኪና
gari

የማመላለሻ ጀልባ

feri

ጀልባ

mashua

የ ተር ብስ ሌት

pikipiki

የፖሊስ መኪና

gari la polisi

የ ድድር መኪና

gari la mashindano

የኪራይ መኪና

gari la kukodisha

የመኪና መጋራት

kushiriki gari

ጎታች መኪና

lori la kuvuta

የቆሻሻ ጭነት መኪና

ukusanyaji taka

ሞተር

motor

ነዳጅ

mafuta

የቤንዚን ማደያ

kituo cha mafuta

የመንገድ ምልክት

ishara trafiki

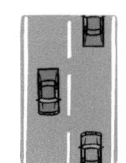

የመኪኖች እንቅስቃሴ

trafiki

የመኪና መጨናነቅ

msongamano

የመኪና ማቆሚያ

maegesho

የባቡር ጣቢያ

kituo cha treni

የባቡር ሀዲዶች

reli

ባቡር

garimoshi

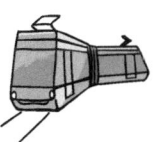

የኤሌክትሪክ ባቡር

tremu

ሰረገላ

gari la mizigo

ሄሊኮፕተር
....
helikopta

አየር ማረፊያ
....
uwanja wa ndege

ማማ
....
mnara

መንገደኛ
....
abiria

ማስቀመጫ፤ ማጠራቀሚያ
....
chombo

ካርቶን እቃ ማሸጊያ
....
katoni

ጋሪ፤ ተሳቢ
....
mkokoteni

ቅርጫት
....
kikapu

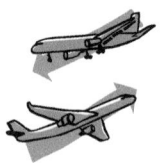

መነሳት/ ማረፍ
....
ondoka

ከተማ

jiji

መንደር
....
kijiji

የከተማ ማዕከል
....
katikati ya jiji

ቤት
....
nyumba

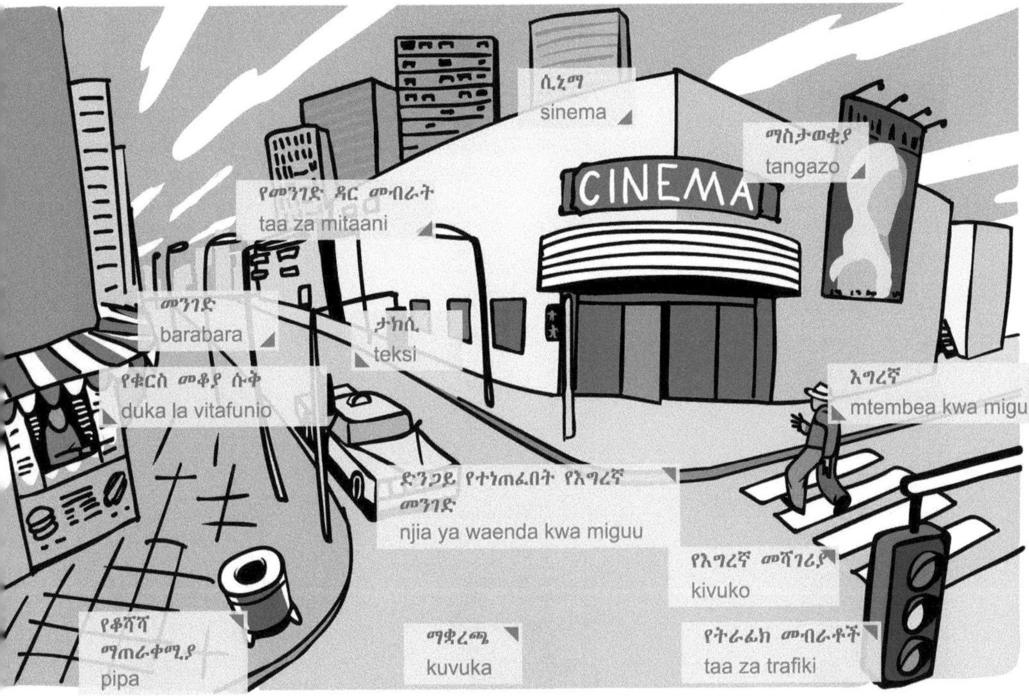

ሲኔማ
sinema

ማስታወቂያ
tangazo

የመንገድ ዳር መብራት
taa za mitaani

መንገድ
barabara

ታክሲ
teksi

የቁርስ መቃያ ሱቅ
duka la vitafunio

እግረኛ
mtembea kwa migu

ድንጋይ የተነጠፈበት የእግረኛ መንገድ
njia ya waenda kwa miguu

የእግረኛ መሻገሪያ
kivuko

የቆሻሻ ማጠራቀሚያ
pipa

ማቁረጫ
kuvuka

የትራፊክ መብራቶች
taa za trafiki

ጎጆ
....
kibanda

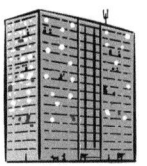

አፓርታማ
....
gorofa

የባቡር ጣቢያ
....
kituo cha treni

የከተማ አዳራሽ
....
ukumbi wa mji

ቤተ መዘክር
....
Makavazi

ትምህርት ቤት
....
shule

ዩኒቨርስቲ

chuo kikuu

ባንክ

benki

ሆስፒታል

hospitali

ሆቴል

hoteli

መድሐኒት ቤት

duka la dawa

ቢሮ

ofisi

መፅሐፍ መሸጫ

duka la kitabu

ሱቅ

duka

የአበባ መሸጫ

duka la maua

የሸቀጣ ሸቀጥ መደብር

dukakuu

ገበያ ስፍራ

soko

መደብር

idara ya kuhifadhi

የዓሳ ነጋዴ

mwuza samaki

የገበያ ማዕከል

kituo cha ununuzi

ወደብ

bandari

መናፈሻ ቦታ

Hifadhi

አግዳሚ ወንበር

benki

ድልድይ

daraja

ደረጃዎች

vidato

ዉስጥ ለዉስጥ

chini ya ardhi

ዋሻ

handaki

የአዉቶቡስ ፌርማታ

kituo cha mabasi

ባር

bar

ምግብ ቤት

mgahawa

የፖስታ ሳጥን

sanduku la posta

የመንገድ ምልክት

ishara ya barabara

የመኪና ማቆሚያ ሒሳብ የሚያሰላ ማሽን

mita ya maegesho

የደር እንስሳት ማቆያ

bustani ya wanyama

የመዋኛ ገንዳ

kidimbwi cha kuogelea

መስጊድ

msikiti

እርሻ
shamba

የሚበክል ነገር
uchafuzi

መቃብር ስፍራ
makaburini

ቤተ ክርስቲያን
kanisa

መጫወቻ ሜዳ
uwanja wa michezo

ቤተ መቅደስ
hekalu

መልከዓምድር

mazingira

ቅጠል
jani

የመንገድ ላይ ምልክት
ishara ya mwelekeo

መንገድ
njia

አረንጓዴ መስክ
malisho

ድንጋይ
jiwe

በእግሩ የሚጓዝ
mtembeaji wa masafa

ዛፍ
mti

ወንዝ
mto

ሳር
nyasi

አበባ
ua

ሸለቆ

bonde

ኮረብታ

kilima

ሀይቅ

ziwa

ጫካ

msitu

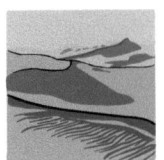

በረሃ

jangwa

እሳተ ገሞራ

volkano

ግምብ

ngome

ቀስተ ዳመና

upinde wa mvua

እንጉዳይ

uyoga

የቴምብር ዛፍ/ ዘንባባ

mtende

ቢንቢ/ የወባ ትንኝ

mbu

በራሪ

kuruka

ጉንዳን

chungu

ንብ

nyuki

ሸረሪት

buibui

ጢንዚዛ

....

mende

እንቁራሪት

....

chura

ሽኮኮ

....

kuchakuro

ጃርት

....

nungunungu

ጥንቸል

....

sungura

ጉጉት ወፍ

....

bundi

ወፍ

....

ndege

የዉሃ ዳክዬ

....

swan

ከርከሮ

....

nguruwe mwitu

አጋዘን

....

kulungu

አጋዘን

....

aina ya kongoni

ግድብ

....

bwawa

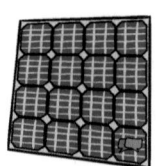

በነፋስ የሚሽከረከር

....

tabo ya upepo

የፀሀይ ፓኔሎ

....

nishaji ya jua

አየር ንብረት

....

hali ya hewa

አስተናጋጅ
mhudumu

ማዉጫ
menyu

ወንበር
kiti

ሾርባ
supu

ፒዛ
piza

የጠረጴዛ ጨርቅ
kitambaa cha mezani

መከተፊያ
vilia

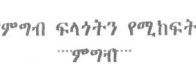

የምግብ ፍላጎትን የሚከፍት
···ምግብ···
kiamsha hamu

ዋና ምግብ
kozi kuu

ማጣጣሚያ ተከታይ ምግብ
kitindamlo

መጠጦች
vinywaji

ምግብ
chakula

ጠርሙስ
chupa

ፈጣን ምግብ

chakula cha haraka

የመንገድ ምግብ

Streetfood

የሻይ ማንቆርቆሪያ

buli

የስኳር እቃ

kisanduku cha sukari

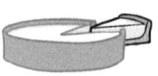

ድርሻ

sehemu

የቡና ማፊያ ማሽን

mashine ya espresso

ባለጌ ወንበር

kiti kirefu

የክፍያ ደረሰኝ

muswada

ትሪ

trei

ቢላዋ

kisu

ሹካ

uma

ማንኪያ

kijiko

የሻይ ማንኪያ

kijiko cha chai

ልብስ ምግብ እንዳይነካ የሚረዳ ጨርቅ

nepi

ብርጭቆ

glasi

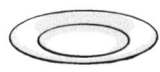

ዝርግ ሰሀን

sahani

የሾርባ ጎድጓዳ ሰሀን

sahani ya supu

የስኒ ማስቀመጫ

sufuria

ማጣፈጫ ስጎ

mchuzi

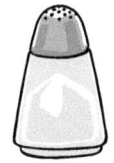

የጨዉ እቃ

kichanyaji chumvi

የተፈጨ ቃሪያ

kinu cha pilipili

ኮምጣጤ

siki

የምግብ ዘይት

mafuta

ቀመማ ቅመሞች

viungo

የቲማቲም ድልህ

kechapu

ሰናፍጭ

haradali

ማዮኒዝ

kachumbari nzito

የሸቀጣ ሸቀጥ መደብር

dukakuu

ልዩ አቅራቦት
ofa maalum
FOR
ደምበኛ
mteja
የወተት ተዋፅዖ
maziwa
ፍራፍሬ
matunda
ባለ ጎማ የእጅ ጋሪ
toroli

ሉካንዳ ነጋዴ

mchinjaji

መጋገርያ

mwokaji

ክብደት መመዘን

uzito

ቅጠላ ቅጠል አትክልት

mboga

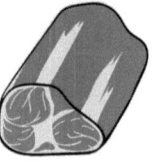

ስጋ

nyama

የቀዘቀዘ/የረጋ ምግብ

chakula waliohifadhiwa

ቀዝቃዛ ቁራጭ

....

vipande vya nyama baridi

የታሸገ ምግብ

....

chakula cha kopo

የማጠቢያ ዱቄት

....

sabuni ya unga

ጣፋጮች

....

pipi

የቤት ዉስጥ ዉጤቶች

....

bidhaa za kaya

የፅዳት ምርቶች

....

bidhaa za kusafisha

የሽያጭ ባለሙያ

....

mtu mauzo

የገንዘብ መመዝቢያ ማሽን

....

mpaka

የሒሳብ ሰራተኛ

....

keshia

የግዢ ዝርዝር

....

orodha ya manunuzi

ክፍት ሰዓታት

....

masaa ya ufunguzi

የኪስ ቦርሳ

....

mkoba

ክሬዲት ካርድ

....

kadi

ቦርሳ

....

mfuko

የፕላስቲክ ቦርሳ

....

mfuko wa plastiki

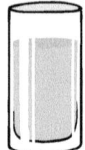

መጠጦች
vinywaji

ውሃ

maji

ጭማቂ

sharubati

ወተት

maziwa

ኮካ-ኮላ

coke

ወይን

mvinyo

ቢራ

bia

አልኮል

pombe

ኮካ

kakao

ሻይ

chai

ቡና

kahawa

የተፈላ ቡና

spreso

ካፑቺኖ

kapuchino

ሙዝ

ndizi

ፖም

tufaha

ብርቱካን

machungwa

ሀብሀብ

tikiti

ሎሚ

lemon

ካሮት

karoti

ነጭ ሽንኩርት

kitunguu saumu

ሽምበቆ

mianzi

ቀይ ሽንኩርት

kitunguu

እንጉዳይ

uyoga

ለዉዝ

karanga

የህፃናት ምግብ

nudo

ፓስታ

spageti

ሩዝ

mpunga

ሰላጣ

saladi

የድንች ጥብስ

vibanzi

ድንች ጥብስ

viazi vya kukaanga

ፒዛ

piza

ዳቦ ዉስጥ በስሱ ተጠብሶ የገባ
ስጋ
hambaga

ሳንድዊች

sandwichi

ጥሬ ስጋ

kipande

የአሳማ ስጋ

paja la mnyama

በቅመምና በጨዉ የታሸ ምግብ
ቀዝቅዞ የሚበላ ሾርባ ምግብ

salami

ቋሊማ

soseji

ዶሮ

kuku

ጥብስ

choma

አሳ

samaki

የአጃ ገንፎ
....
oats ya uji

ከወተት ጋር ተደባልቀዉ የሚበሉ
ምግቦች
muesli

የበቆሎ ቅርፊት
....
cornflakes

ዱቄት
....
unga

ኩራሳ
....
kroisanti

ድብልብል ዳቦ
....
andazi

ዳቦ
....
mkate

መጥበስ
....
mkate wa kubanika

ብስኩት
....
biskuti

ቅቤ
....
siagi

እርጎ
....
maziwa mgando

ኬክ
....
keki

እንቁላል
....
yai

እንቁላል ጥብስ
....
yai kukaanga

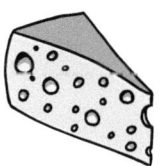

አይብ
....
jibini

የበረዶ ክሬም
....
aiskrimu

ስኳር
....
sukari

ማር
....
asali

ማርማላት
....
jemu

የተናጠ የወተት ክሬም
....
kuenea kwa chokoleti

ማጣፈጫ
....
mchuzi wa viungo

እርሻ

shamba

የገበሬ ቤት
nyumba ya kilimo
የጭድ ክምር
majani bale
የእህልና የከብት ማቀመጫ ቤት
ghalani
ሜዳ
uwanja
ፈረስ
farasi
ተሳቢ መኪና
trela
የፈረስ ዉርንጭላ
mtoto
የእርሻ መኪና
trekta
አህያ
punda
በግ
kondoo
የበግ ጠቦት
mwanakondoo

ፍየል

mbuzi

ላም

ng'ombe

ጥጃ

ndama

አሳማ

nguruwe

ግልገል አሳማ

mwananguruwe

ኮርማ

fahali

ዝይ

batabukini

ዳክዬ

bata

የዶሮ ጫጩት

kifaranga

ዶሮ

kuku

አውራ ዶሮ

jogoo

አይጥ

panya

ድመት

paka

አይጥ

panya

በሬ

ng'ombe

ውሻ

mbwa

የውሻ ቤት

nyumba ya mbwa

የአትክልት ቦታ

bomba la bustani

ውሃ ማጠጫ ባልዲ

debe la kumwagilia maji

ረጅም ማጭድ

fyekeo

ማረሻ

kulima

ማጭድ

mundu

መኮትኮቻ

jembe

የእህል መንሽ

uma wa nyasi

መጥረቢያ

shoka

ኩርኩር/ የእጅ ጋሪ

toroli

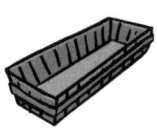

ገንዳ

kupitia nyimbo

የወተት ዕቃ

chombo cha maziwa

ጆንያ ከረጢት

gunia

አጥር

ua

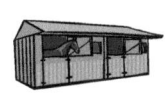

የፈረስ ጋጣ

imara

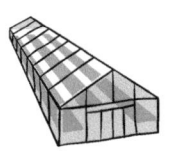

ዕፅዋት ማሳደጊያ የመስታዉት ቤት

chafu

አፈር

udongo

ዘር

mbegu

የመሬት ማዳበሪያ

mbolea

ጥምር ማረሻ

kivunaji

አዝመራ መሰብሰብ

mavuno

አዝመራ

mavuno

ድንች

viazi vikuu

ስንዴ

ngano

ሶያ

soya

ድንች

viazi

በቆሎ

mahindi

የከብት መኖ

rapa

የፍሬ ዛፍ

mti wa matunda

የካሳቫ ዛፍ

muhogo

እህል

nafaka

30 እርሻ - shamba

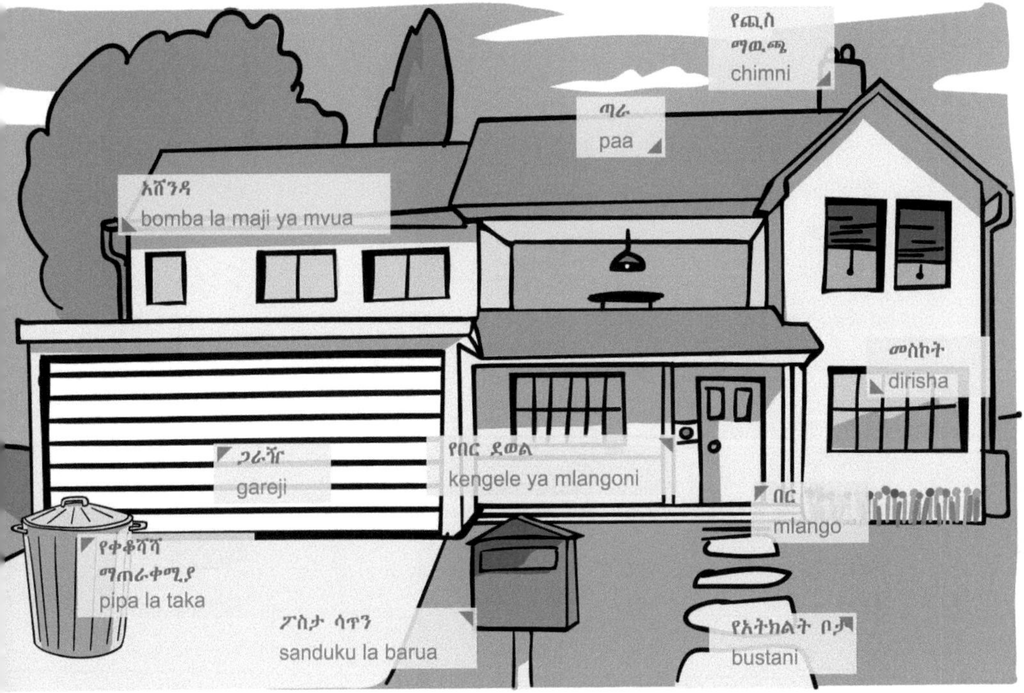

የጭስ
ማውጫ
chimni

ጣራ
paa

አሽንዳ
bomba la maji ya mvua

መስኮት
dirisha

ጋራዥ
gareji

የበር ደወል
kengele ya mlangoni

በር
mlango

የቆሻሻ
ማጠራቀሚያ
pipa la taka

ፖስታ ሳጥን
sanduku la barua

የአትክልት ቦታ
bustani

ሳሎን

sebuleni

መታጠቢያ ቤት

bafu

ማድቤት

jikoni

መኝታ ቤት

chumba cha kulala

የልጅ ክፍል

chumba ya mtoto

መመገቢያ ክፍል

chumba cha kulia

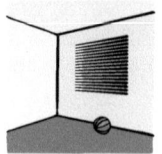

ወለል

sakafu

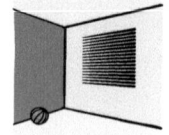

ግድግዳ

ukuta

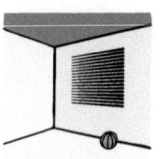

ጣሪያ

dari

ምድር ቤት

pishi

በእንፋሎት ሙቀት መታጠቢያ ቤት

sauna

ሰገነት

roshani

ከፍ ያለ መደብ

mtaro

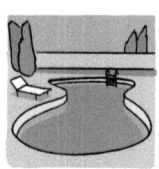

የመዋኛ ገንዳ

kidimbwi

የማጨጃ መኪና

mashine ya kukata nyasi

አንሶላ

karatasi

የአልጋ ልብስ

kitambaa cha kupamba kitanda

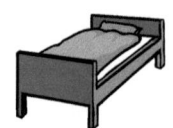

አልጋ

kitanda

መጥረጊያ

ufagio

ባልዲ

ndoo

ማብሪያና ማጥፊያ

kubadili

ሳሎን

sebuleni

የግድግዳ ወረቀት
mandhari
ፎቶ
picha
መብራት
taa
መደርደሪያ
rafu
ቁም ሳጥን፤ ካቢኔ
kabati
televisheni/runinga
የእሳት መሞቂያ
mekoni
አበባ
ua
ትራስ
mto
ሶፋ
sofa
የአበባ ማስቀመጫ
chombo cha maua
ሪሞት ኮንትሮል
kitenzambali

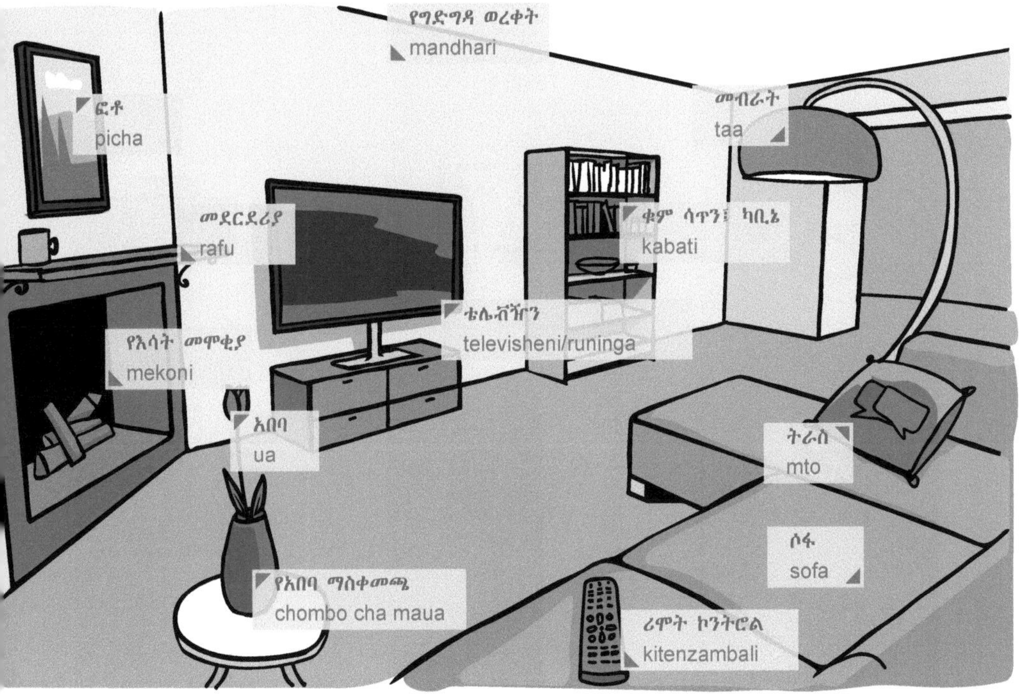

ንጣፍ

zulia

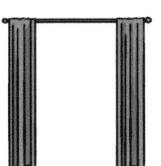

መጋረጃ

pazia

ጠረጴዛ

meza

ወንበር

kiti

ተወዛዋዥ ወንበር

kiti cha bembea

ባለመደገፊያ ወንበር

armchair

መጽሐፍ

kitabu

ብርድ ልብስ

blanketi

ጌጥ

mapambo

ማገዶ

kuni

ፊልም

filamu

የሙዚቃ መማጫወቻ

kifaa cha hi-fi

ቁልፍ

ufunguo

ጋዜጣ

gazeti

ስዕል

uchoraji

የተለጠፈ ማስታወቂያ እንደ ስዕል

bango

ራዲዮ

redio

ማስታወሻ ደብተር

daftari

የአየር ማፅጃ ለምንጣፍ

kifyonza

ቁልቋል

dungusi kakati

ሻማ

mshumaa

ማድቤት

jikoni

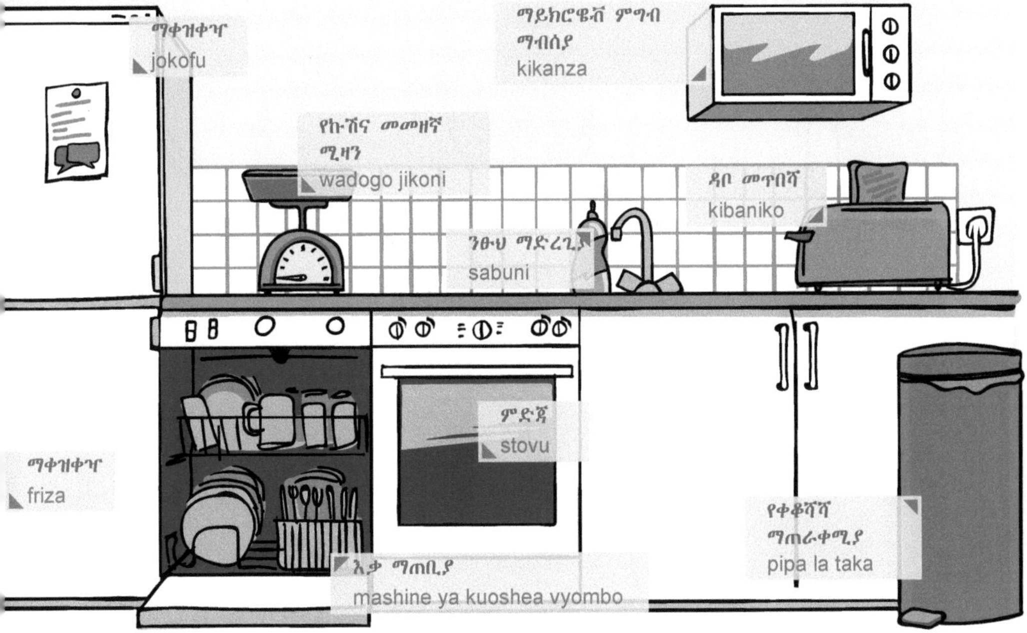

ማቀዝቀዣ
jokofu
ማይክሮዌቭ ምግብ ማብሰያ
kikanza
የኩሽና መመዘኛ ሚዛን
wadogo jikoni
ዳቦ መጥበሻ
kibaniko
ንፁህ ማድረጊያ
sabuni
ምድጃ
stovu
ማቀዝቀዣ
friza
የቆሻሻ ማጠራቀሚያ
pipa la taka
እቃ ማጠቢያ
mashine ya kuoshea vyombo

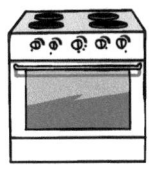

ምግብ አብሳይ

jiko la kupika

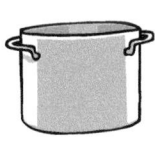

ማሰሮ

chungu

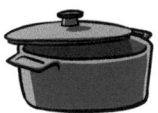

የብረት ማሰሮ

sufuria ya chuma

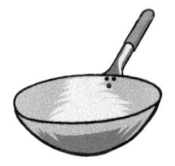

ምግብ ማብሰያ ዝርግ ድስት

wok / kadai

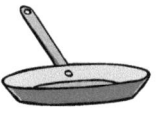

የምግብ መጥበሻ

kaango

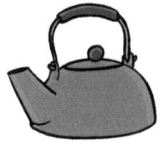

ማንቆርቆሪያ

birika

የእንፋሎት ማብሰያ

stima

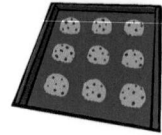

የመጋገሪያ ትሪ

sinia ya kuoka

ሰብስቦች

vyombo vya udongo

ትልቅ ኩባያ

kombe

ጎድጓዳ ሳህን

bakuli

ቾፕስቲክስ

vijiti vya kulia

ጭልፋ

ukawa

መሰቅሰቂያ ዝርግ ማንኪያ

mwiko mpana

ማደባለቂያ

burashi

መወጠሪያ

kichujio

ወንፊት

chujio

መፈርፈሪያ መሳሪያ

mbuzi

ሲሚንቶ

chokaa

የፍም ጥብስ

barbeque

የተለቀቀ እሳት

moto wazi

መክተፊያ

....

ubao wa majaribio

ተንሸራታች መርፌ

....

kijiti cha kusukuma unga

የጠርሙስ መክፈቻ

....

kizibuo

ጣሳ

....

kopo

የጣሳ መክፈቻ

....

inaweza kopo

የማሰሮ መሸፈኛ

....

kishikio cha chungu

ሳህን ማጠቢያ

....

karo

ብሩሽ

....

brashi

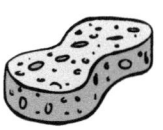

ስፖንጅ

....

sifongo

መደባለቂያ መሳሪያ

....

kisagaji matunda

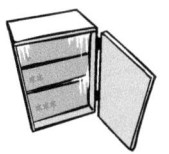

በጣም ማቀዝቀዣ

....

friji ya kina

ጡጦ

....

chupa ya mtoto

ቧንቧ

....

bomba

ማሞቂያ
joto

መታጠቢያ
mfereji wa kuogea

ፎጣ
taulo

የመታጠቢያ ቤት
መጋረጃ
pazia la kuogea

የአረፋ መታጠቢያ
maji ya kuoga yenye povu

የመታጠቢያ ገንዳ
hodhi

ብርጭቆ
glasi

የልብስ ማጠቢያ
mashine ya kuosha

ማዕዘን ወለል
vigae

ቢንቢ
bomba

ፖፖ
poti

ሳህን ማጠቢያ
karo

ሽንት ቤት
choo

የሽንት ቤት መቀመጫ
choo cha squat

ሳፋ
beseni la mviringo

የመንገድ ዳር መሽኛ
choo cha umma

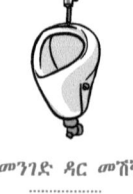

የሽንት ቤት ወረቀት
shashi

የሽንት ቤት ማፅጃ ብሩሽ
brashi ya choo

የጥርስ ብሩሽ

mswaki

የጥርስ ሳሙና

dawa ya meno

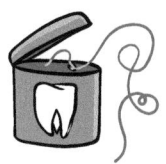

የጥርስ ማፅጃ ክር

dawa ya meno

መታጠብ

safisha

የእጅ መታጠቢያ

kuoga mkono

መታጠቢያ

msukumo wa maji

ጎድጓዳ ሳህን

bonde

የጀርባ ብሩሽ

mpako wa pili

ሳሙና

sabuni

መታጠቢያ የሚዝለገለግ ሳሙና

jeli ya kuogea

የፀጉር መታጠቢያ ሳሙና

shampuu

ለስላሳ ጨርቅ

flana

ፍሳሽ

toa maji

ክሬም

krimu

ጠረን መቀየሪያ ንጥረ ነገር

kiondoa harufu

መስታወት
kioo

የእጅ መስታወት
kioo mkono

ምላጭ
kinyozi

የመላጫ አረፋ
povu la kunyoa

ከመላጨት በኋላ የሚቀባ ሽቱ
baada ya kunyoa

ማበጠሪያ
kichana

ብሩሽ
brashi

የፀጉር ማድረቂያ
kikausha nywele

በፀጉር ላይ የሚነፋ
marashi ya nyewele

የፊት መቀባቢያ
vipodozi

የከንፈር ቀለም
kidomwa

የጥፍር ቀለም
varnish ya msumari

የጥጥ ሱፍ
pamba

ጥፍር መቁረጫ
mkasi wa kucha

ሽቶ
manukato

ማጠቢያ ባልዲ

mkoba wa kuosha

መቀመጫ

kinyesi

ሚዛን

mizani

የመታጠቢያ ልብስ

nguo ya kuoga

የላስቲክ ጓንት

glavu za mpira

ሞዴስ

kisodo

የፅዳት ፎጣ

sodo

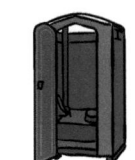

የሽንት ቤት ኬሚካል

kemikali choo

የልጅ ክፍል

chumba ya mtoto

saa ya kengele
የህፃን አሻንጉሊት
kidoli cha kupakata
የመጫወቻ መኪና
gari bandia
ማንገጫገጫ
መጫወቻ
kelele
የአሻንጉሊት ቤት
chumba cha midoli
ስጦታ
sasa

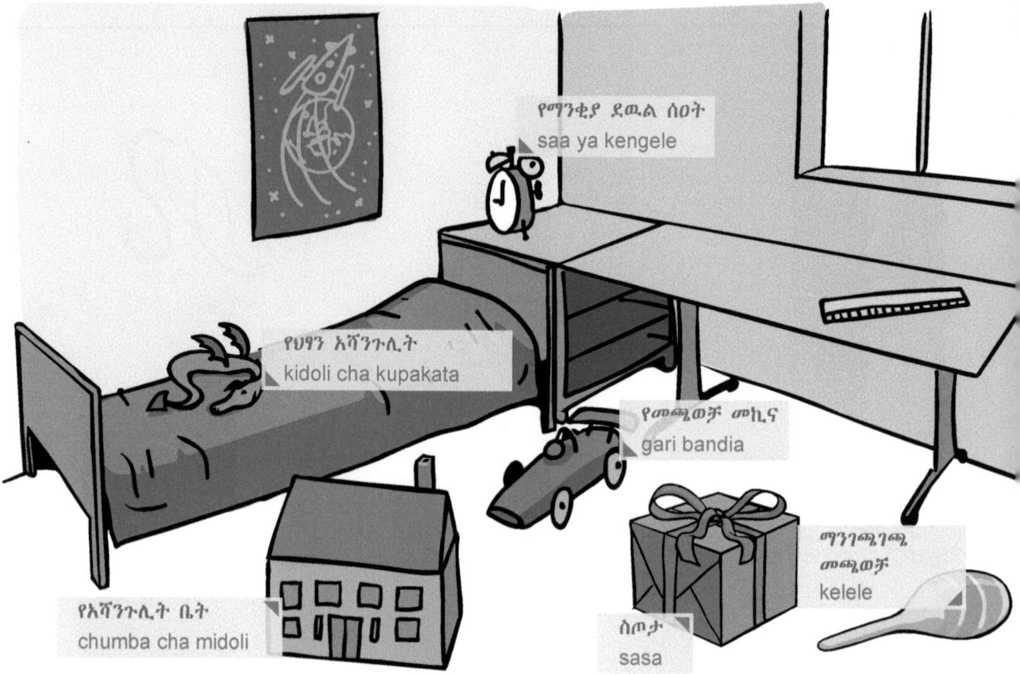

ፊኛ

baluni

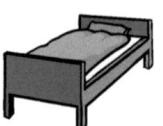

አልጋ

kitanda

የህፃን ማንሸራሸሪያ ጋሪ

mashua

የካርታ መጫወቻ

staha ya kadi

ቁርጥራጭ ምስሎችን የማገጣጠም
እና ምስል የማግኘት ጨዋታ

mchezo-fumb

አዝናኝ

vichekesho

ተገጣጣሚ መጫወቻ

matofali lego

የመጫወቻ መገጣጠሚያዎች

vitalu mwigo

የድርጊት ምስል

hatua takwimu

የህፃን እድገት

suti ya kulalia

የፕላስቲክ መጫወቻ ዝርግ ሰሀን

kisahani

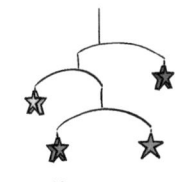

ተወዛዋዥ የህፃን ማጫወቻ

simu

የሰሌዳ ጨዋታ

ubao wa michezo

የመጫወቻ ጠጠር

kete

የመጫወቻ ባቡር

garimoshi mwigo

የእንጀራ እናት ጡጦ

dummy

ድግስ

chama

የስዕል መፅሀፍ

picha kitabu

ኳስ

mpira

አሻንጉሊት

kikaragosi

መጫወት

kucheza

የአሸዋ መጫወቻ

shimo la mchanga

ዥዋዥዌ

bembea

መጫወቻዎች

vitu bandia

የቪዲዮ መጫወቻ

kiweko cha video ya mchezo

ባለ ሶስት ጎማ ብስክሌት

baiskeli ya magurudumu

የአሻንጉሊት ድብ

mwanasesere

ቁምሳጥን

kabati

matatu

አልባሳት

nguo

ካልሲዎች

soksi

ስቶኪንጎች

stokingi

ታይት

kibano

የአንገት ልብስ
skafu

ቀበቶ
ukanda

ስኒከሮች
wakufunzi

ገንጥላ
mwavuli

ቦቲ
viatu

ክናቴራ
fulana

የቤት ዉስጥ ነጠላ ጫማ
ndara

ነጠላ ጫማዎች
....
malapa

ጫማዎች
....
viatu

የግዝናብ ቡትስ
....
mabuti ya mpira

ሙታንታ
....
suruali ya ndani

ጡት መያዣ
....
sidiria

ሰደርያ
....
fulana

ሰዉነት
mwili

ሱሪዎች
suruali

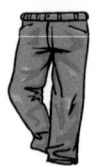

ጅንስ
dangirizi

ጉርድ ቀሚስ
sketi

ሸሚዝ
blauzi

ሸሚዝ
shati

የሚጠለቅ ሹራብ
vuta

ሹራብ
sweta

ዩኒፎርም ጃኬት
bleza

ጃኬት
jaketi

ኮት
koti

የዝናብ ኮት
koti la mvua

ልብስ
maleba

ቀሚስ
gauni

የሙሽራ ቀሚስ
mavazi ya harusi

ሱፍ

suti

የለሊት ልብስ

vazi la usiku

የለሊት ልብስ

pajama

ረጅም ቀሚስ

sari

ሂጃብ

skafu

ጥምጣም

kilemba

ቡርቃ

burka

ሽርጥ

kaftan

አባያ

abaya

የዋና ልብስ

vazi la kuogelea

አጭር ቁምጣ

vazi la kiume la kuogelea

ቁምጣዎች

kaptura

የስራ ቱታ

teitei

ሽርጥ

aproni

ጓንት

glavu

ቁልፍ

kifungo

መነፅር

glasi

አምባር

bangili

የአንገት ሀብል

mkufu

ቀለበት

pete

የጆሮ ጌጥ

herini

ኮፍያ

kofia

የኮት መስቀያ

kiango cha koti

ኮፍያ

kofia

ክረቫት

tai

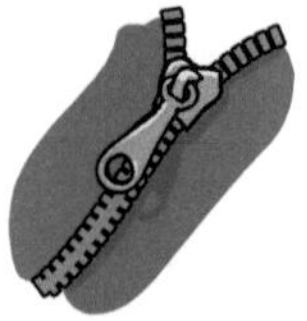

ዚፕ

zipu

የብረት ቆብ

kofia

መደገፊያ

kanda za suruali

የትምህርት ቤት የደንብ ልብስ

sare za shule

የደንብ ልብስ

sare

መሃረብ
....
bibu

የእንጀራ እናት ጡጦ
....
dummy

ሽንት ጨርቅ
....
nepi

ቢሮ
ofisi

ማሰራጫ ጣቢያ
seva
የፋይል መደርደሪያ ካቢኔ
kabati la kuweka faili
ወረቀት
karatasi
የህትመት መሳሪያ
kichapishaji
መቆጣጠሪያ
kiwambo
kipanya
መፃፊያ ጠረጴዛ
dawati
ማህደር
folda
kibodi
ወረቀት መጣያ ቅርጫት
u cha kuweka karatasi chafu
ኮምፒዉተር
kompyuta
ወንበር
kiti

የቡና መጠጫ ትልቅ ኩባያ
....
kmobe la kahawa

ማስሊያ ማሽን
....
kikokotoo

ኢንተርኔት
....
biashara

ላፕቶፕ

mbali

ደብዳቤ

barua

መልዕክት

ujumbe

ተንቀሳቃሽ ስልክ

rununu

የግንኙነት አዉታር

intaneti

ማባዣ ማሽን

fotokopia

ሶፍትዌር

programu

ስልክ

simu

የግድግዳ ሶኬት

soketi

የፋክስ ማሽን

kipepesi

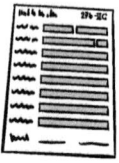

ቅፅ

fomu

ሰነድ

hati

መግዛት

kununua

መክፈል

kulipa

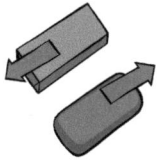

መነገድ

biashara

ገንዘብ

fedha

ዶላር

dola

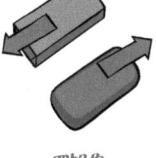

ዩሮ

yuro

የን

yeni

ሩብል

rouble

የስዊዝ ፍራንክ

faranga ya Uswisi

ሬንሚንቢ ዩዋን

renminbi yuan

ሩጲ

rupia

የገንዘብ ነጥብ

eneo la kulipia

የዉጭ ገንዘብ ምንዛሪ ቢሮ

ofisi ya ubadilishanaji

ወርቅ

dhahabu

ብር

fedha

ዘይት

mafuta

ሀይል፤ ጉልበት

nishati

ዋጋ

bei

ግንኙነት

mkataba

ቀረጥ

kodi

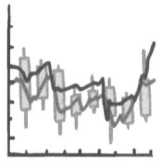

አክስዮን

bidhaa

መስራት

kazi

ተቀጣሪ

mfanyakazi

ቀጣሪ

mwajiri

ፋብሪካ

kiwanda

ሱቅ

duka

የፖሊስ አዛዥ
afisa wa polisi
የእሳት አደጋ ሰራተኛ
mzimamoto
ምግብ አብሳይ
mpishi
ዶክተር
daktari
አብራሪ
rubani

አትክልተኛ

mtunza bustani

አናጢ

seremala

ልብስ ሰፊ ሴት

mshonaji

ዳኛ

hakimu

ቀማሚ

mwanakemia

ተዋናይ

muigizaji

የአዉቶቢስ ሹፌር

dereva wa basi

የታክሲ ሹፌር

dereva wa teksi

አሳ አጥማጅ

mvuvi

ፅዳት ሰራተኛ

mwanamke wa kusafisha

የጣራ ሰራተኛ

mwezekaji

አስተናጋጅ

mhudumu

አዳኝ

mwindaji

ሰዓሊ

mchoraji

ጋጋሪ

mwokaji

የኤሌትሪክ ሰራተኛ

umeme

ገምቢ

mjenzi

መሃንዲስ

mhandisi

ልኳንዳ

mchinjaji

የቧንቧ ሰራተኛ

fundi bomba

የፖስታ ሰራተኛ

mwanaposta

ወታደር

mwanajeshi

መሃንዲስ

msanifu majengo

የሒሳብ ሰራተኛ

keshia

አበባ ሻጭ

muuza maua

የፀጉር ሰራተኛ

msusi

ቲኬት ቆራጭ

kondakta

መካኒክ

mekanika

ካፒቴን

nahodha

የጥርስ ሐኪም

daktari wa meno

ተመራማሪ

mwanasayansi

መምህር

rabbi

የሙስሊም ሃይማኖታዊ መሪ

imamu

መነኩሴ

mtawa

ካህን

kasisi

መሳሪያዎች

zana

መዶሻ
nyundo
ተቆላፊ ጉጠት
koleo
መፍቻ
bisibisi
የመሳሪ መፍቻ
spana
ባትሪ
kurunzi

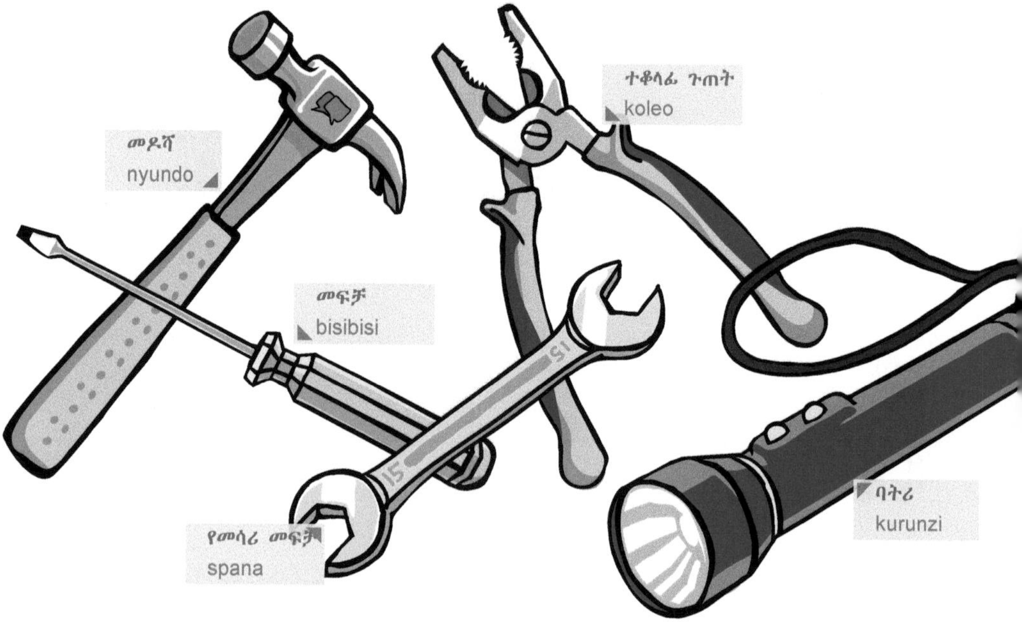

በቁፋሮ የሚዝቅ

mchimbaji

የመፍቻ ሳጥን

sanduku la vifaa

መሰላል

ngazi

መጋዝ

msumeno

ምስማር

misumari

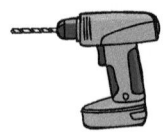

መሰርሰሪያ

kuchimba visima

መጠገን
kukarabati

አካፉ
sepetu

የተረገመ!
Lo!

ቆሻሻ ማፈሻ
kishikio cha uchafu

የቀለም ቆርቆር
chungu cha rangi

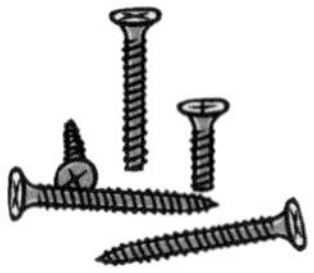

ብሎን
skurubu

ፒያኖ

....

piano

ቫዮሊን

....

fidla

ወፍራም፤ ጎርናና ድምፅ ያለዉ ክራር መሰል ሙዚቃ መሳሪያ

....

ubeji

ነጋሪት

....

timpani

ከበሮ

....

ngoma

በኤሌክትሪክ የሚሰራ ፒኖ

....

kibodi

የትንፋሽ ሙዚቃ መሳሪያ

....

saksafoni

ዋሽንት

....

filimbi

የድምፅ ማጉያ

....

maikrofoni

የደር እንስሳት ማቆያ

bustani ya wanyama

ነብር
simbamarara
መግቢያ
lango la kuingia
ሳጥን
ngome
የሜዳ አህያ
pundamilia
የእንስሳ ምግብ
chakula cha mifugo
ትልቅ ድብ
panda

እንስሳቶች

wanyama

ዝሆን

tembo

ካንጋሮ

kangaruu

አዉራሪስ

kifaru

ትልቅ ዝንጀሮ

sokwe

ድብ

dubu

ግመል

ngamia

ሰጎን

mbuni

አንበሳ

simba

ጦጣ

tumbili

ቅልጥመ ረዥም ወፍ

heroe

በቀቀን

kasuku

የወዋልታ ድብ

dubu

የዋልታ ወፎች

penguini

ረጅም ጥርሶች ያሉትአሳ ነባሪ

papa

ጣዎስ

tausi

እባብ

nyoka

አዞ

mamba

የዱር አራዊት የሚጠበቁበት ማቆያን የሚጠብቅ

mtunza wanyama

አሳ በሊታ የባህር እንስሳ

muhuri

የዱር ድመት

jaguar

ድንክ ፈረስ

....

mwanafarasi

ነብር

....

chui

ጉማሬ

....

kiboko

ቀጭኔ

....

twiga

ንስር

....

tai

ከርከሮ

....

nguruwe mwitu

አሳ

....

samaki

የባህር ኤሊ

....

kobe

የባህር አዉሬ

....

sili

ቀበሮ

....

mbweha

የሜዳ ፍየል፤ ሚዳቋ

....

paa

የስፖርት አይነቶች

michezo

የአሜሪካ እግርኳስ
soka ya marekani
የብስክሌት ስፖርት
uendeshaji baiskeli
ቴኒስ
tenisi
የቅርጫት ኳስ
mpira wa kikapu
ዋና
kuogelea
የቡጢ ስፖርት
ndondi
የበረዶ ላይ የገና ጨዋታ
magongo ya barafuni

እግር ኳስ

soka

የላባ ኳስ ጨዋታ

vinyoya

አትሌቲክስ

riadha

የእጅ ኳስ ስፖርት

mpira wa mikono

የበረዶ መንሸራተት ስፖርት

skii

ፈረስ ግልቢያ

polo

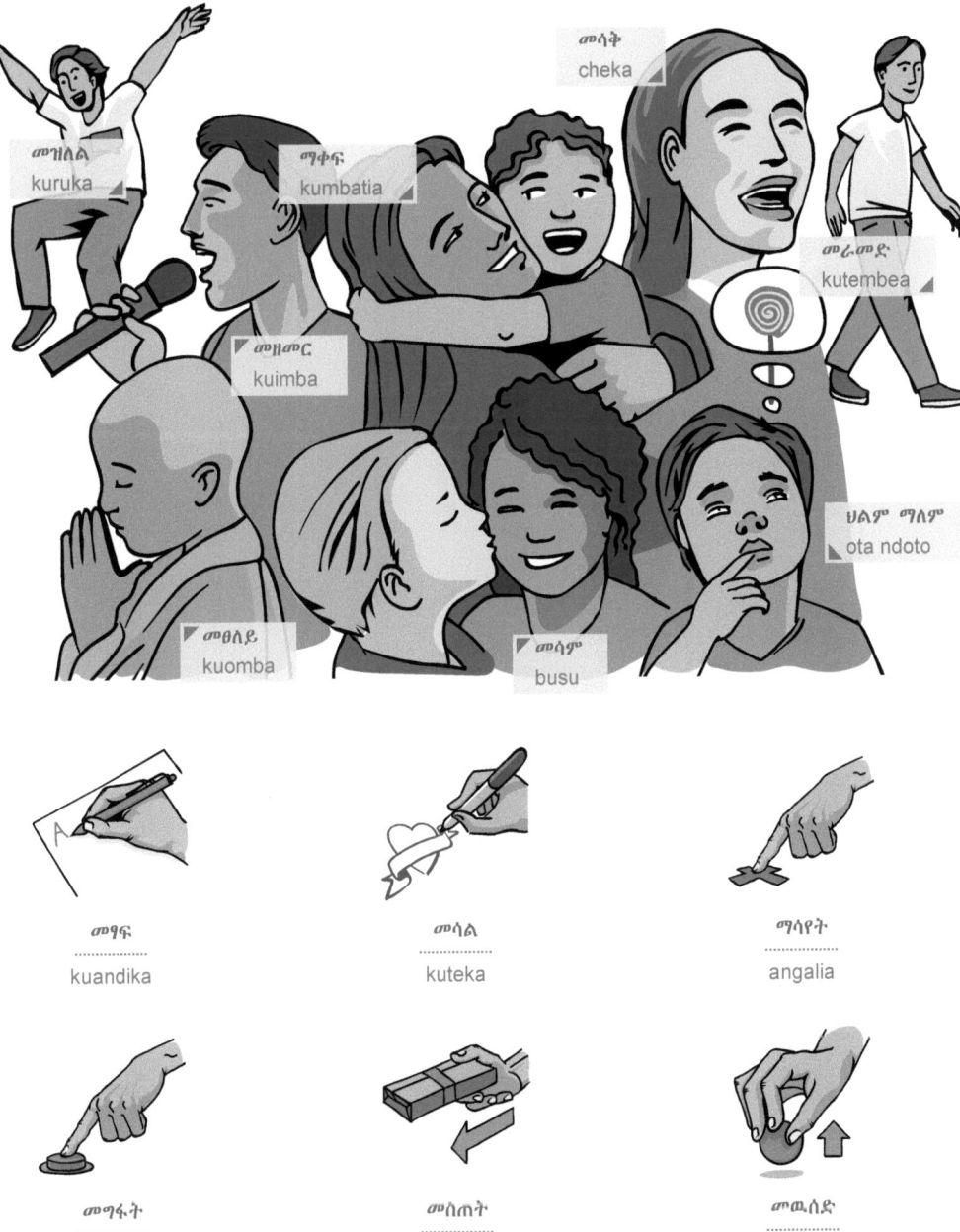

መሳቅ
cheka
መዝለል
kuruka
ማቀፍ
kumbatia
መራመድ
kutembea
መዘመር
kuimba
ህልም ማለም
ota ndoto
መፀለይ
kuomba
መሳም
busu

መፃፍ

kuandika

መሳል

kuteka

ማሳየት

angalia

መግፋት

sukuma

መስጠት

kutoa

መዉሰድ

kuchukua

መያዝ

kuwa

ማድረግ

fanya

መሆን

kuwa

መቆም

kusimama

መሮጥ

kukimbia

መሳብ

vuta

መወርወር

kutupa

መዉደቅ

kuanguka

መዋሸት

hadaa

መጠበቅ

kusubiri

መሸከም

kubeba

መቀመጥ

kukaa

መልበስ

vaa nguo

መተኛት

usingizi

መንቃት

kuamka

መመልከት
....
kuangalia

ማለልቀስ
....
lia

መጫር
....
kiharusi

ማበጠር
....
chana nywele

ማዉራት
....
ongea

መረዳት
....
kuelewa

ጥያቄ
....
kuuliza

ማዳመጥ
....
kusikiliza

መጠጣት
....
kunywa

መብላት
....
kula

ማንጻት
....
nadhifisha

ማፍቀር
....
upendo

ምግብ ማብሰል
....
mpishi

መንዳት
....
gari

መብረር
....
kuruka

መርከብ መንዳት

meli

ቁጥሮችን ማስላት

kokotoa

ማንበብ

kusoma

መማር

kujifunza

መስራት

kazi

ማግባት

kuoa

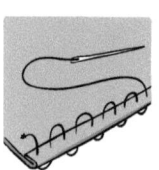

መስፋት

kushona

ጥርስ መቦረሽ

piga mswaki

መግደል

kuua

ማጨስ

moshi

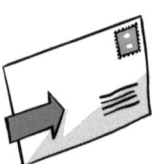

መላክ

kutuma

ቤተሰብ

familia

የሴት አያት
bibi
የወንድ አያት
babu
አባት
baba
እናት
mama
ህፃን
mtoto
ሴት ልጅ
binti
ወንድ ልጅ
bin

እንግዳ

mgeni

አክስት

shangazi

አጎት

mjomba

ወንድም

kaka

እህት

dada

አካል

mwili

ግንባር
paji la uso
አይን
jicho
ትከሻ
bega
ጣት
kidole
ፊት
uso
አገጭ
kidevu
እጅ
mkono
ጡት
matiti
እግር
mguu
ክንድ
mkono

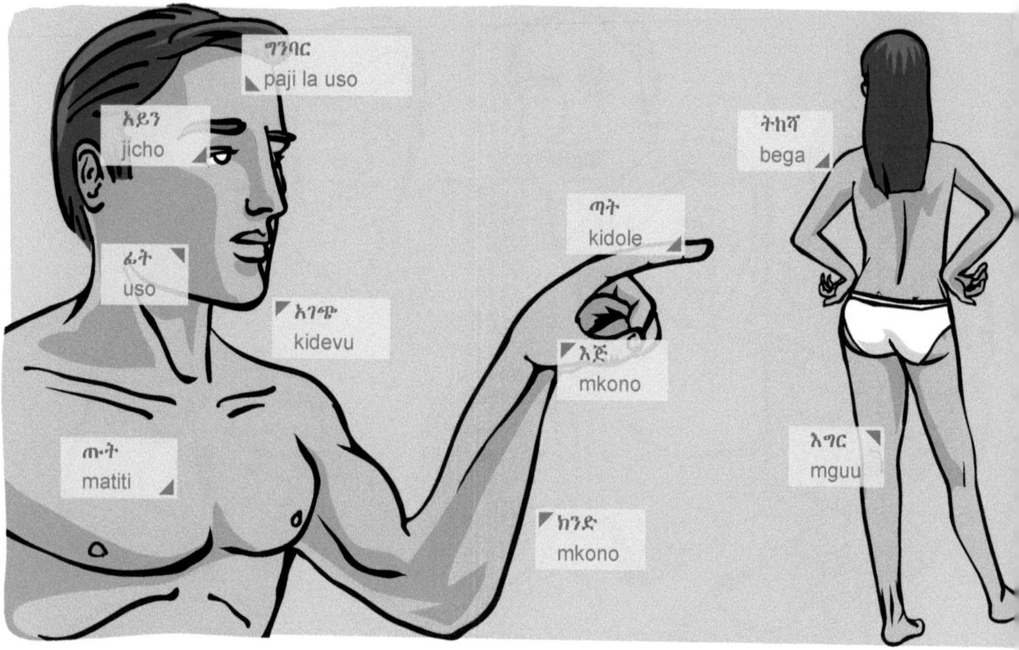

ህፃን

mtoto

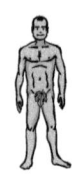

ሰዉ

mwanamume

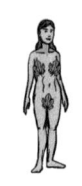

ሴት

mwanamke

ልጃገረድ

msichana

ወንድ ልጅ

mvulana

ራስ

kichwa

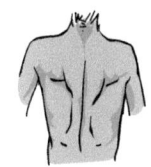

ጀርባ

nyuma

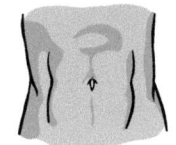

ሆድ

tumbo

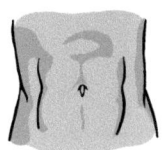

እምብርት

kitovu

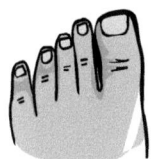

የእግር ጣት

chano

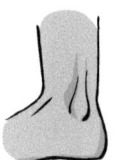

ተረከዝ

kisigino

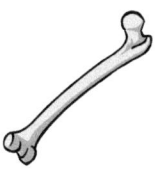

አጥንት

mfupa

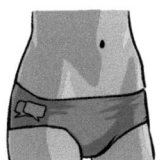

ዳሌ

nyonga

ጉልበት

goti

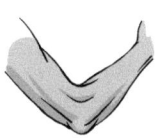

ክርን

kiwiko

አፍንጫ

pua

ቂጥ

chini

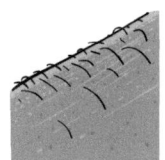

ቆዳ

ngozi

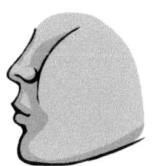

ጉንጭ

shavu

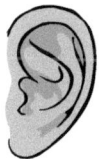

ጆሮ

sikio

ከንፈር

mdomo

አፍ
....
kinywa

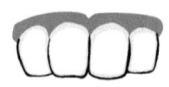

ጥርስ
....
jino

ምላስ
....
ulimi

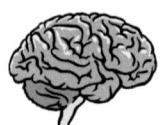

አንጎል
....
ubongo

ልብ
....
moyo

ጡንቻ
....
misuli

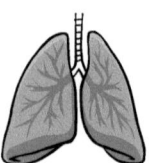

ሳምባ
....
pafu

ጉበት
....
ini

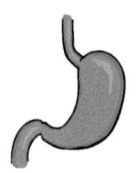

ሆድ
....
tumbo

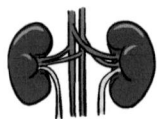

ኩላሊቶች
....
figo

የግብረስጋ ግንኙነት
....
jinsia

ኮንዶም
....
kondomu

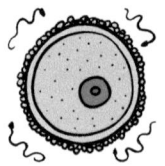

የሴት እንቁላል
....
ovari

የዘር ፈሳሽ
....
shahawa

እርግዝና
....
mimba

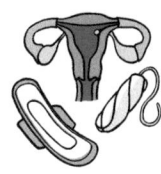

የወር አበባ
....
hedhi

እምስ
....
uke

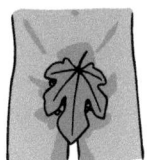

ቁላ
....
uume

ቅንድብ
....
unyusi

ፀጉር
....
nywele

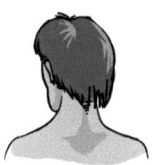

አንገት
....
shingo

ሆስፒታል
hospitali

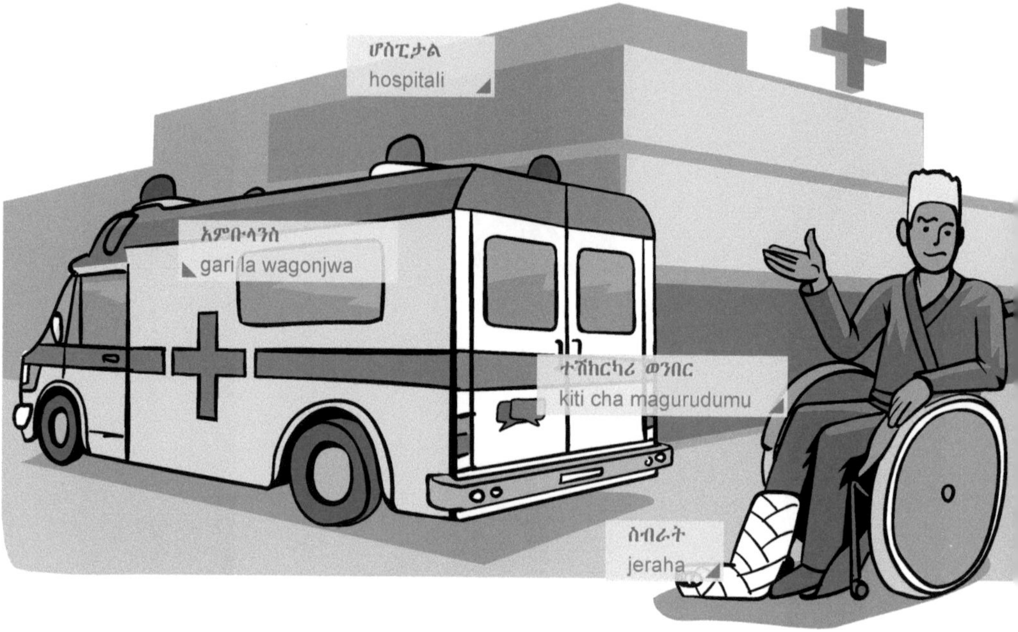

ሆስፒታል
hospitali
አምቡላንስ
gari la wagonjwa
ተሽከርካሪ ወንበር
kiti cha magurudumu
ስብራት
jeraha

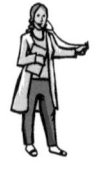

ዶክተር

daktari

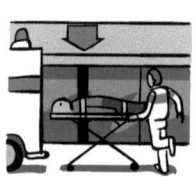

ድንገተኛ ክፍል

chumba cha dharura

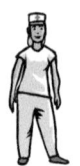

ነርስ

muuguzi

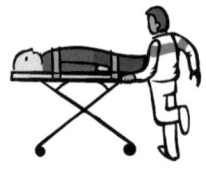

ድንገተኛ

dharura

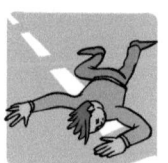

ራስን መሳት/ አለማወቅ

kupoteza fahamu

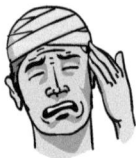

ህመም

maumivu

ጉዳት

kuumia

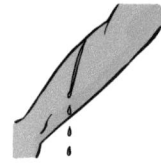

መድማት

kutokwa na damu

የልብ ድካም

mshtuko wa moyo

ስትሮክ

kiharusi

አለርጂ

mzio

ሳል

kikohozi

ትኩሳት

homa

ኢንፍሉዌንዛ

mafua

ተቅማጥ

kuharisha

የራስ ምታት

maumivu ya kichwa

ካንሰር

kansa

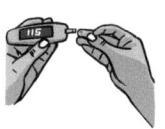

የስኳር በሽታ

ugonjwa wa kisukari

ቀዶ ጠጋኝ ሐኪም

daktari mpasuaji

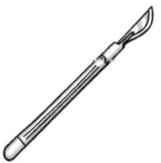

የቀዶ ጥገና ስለት

kisu kidogo cha kupasulia

ቀዶ ጥገና

operesheni

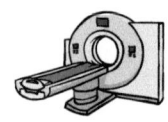

ሲቲ

picha changanufu ya mwili

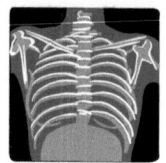

ኤክስሬዩ

Eksrei

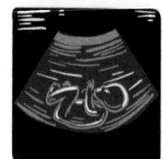

አልትራሳዉንድ

mawimbi sauti

ፊት ጭምብል

barakoa ya uso

በሽታ

ugonjwa

መጠበቂያ ክፍል

chumba cha kusubiri

ምርኩዝ

mkongojo

ቁስል ማሸጊያ

plasta

ፋሻ

bendeji

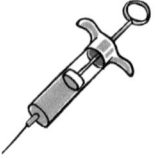

መርፌ

sindano

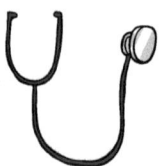

ልብ ምት ማዳመጫ መሳሪያ

stetoskopu

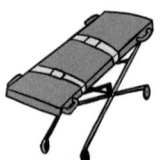

በሽተኛ አልጋ

machela

ህክምና ሙቀት መለኪያ መሳሪያ

kipimajoto cha kliniki

መውለድ

kuzaliwa

ክልክ ያለፈ ክብደት

unene kupita kiasi

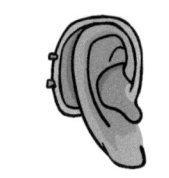

ለመስማት የሚረዳ መሳሪያ

....

kusikia misaada

ፀረ ተባይ መድሀኒት

....

kipukusi

ማመርቀዝ

....

maambukizi

ቫይረስ

....

virusi

ኤች አይቪ ኤድስ

....

VVU / UKIMWI

ህክምና

....

dawa

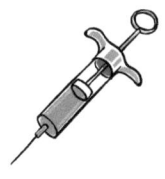

ክትባት

....

chanjo

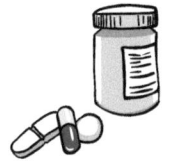

ኪኒን

....

vidonge

ኪኒን

....

kidonge

አስቸኳይ የስልክ ጥሪ

....

simu ya dharura

ደም ግፊት መቆጣጠሪያ

....

haemodainamometa

ህመም/ ጤንነት

....

mgonjwa / mwenye afya

እርዳታ!

Msaada!

ማንቂያ ደዉል

kengele

ጥቃት

pigo

ድብደባ

shambulizi

አደጋ

hatari

የድንገተኛ መዉጫ

lango la dharura

እሳት!

Moto!

እሳት ማጥፊያ

kizima moto

አደጋ

ajali

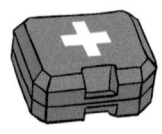

የመጀመሪያ እርዳታ መድሃኒት መያዣ

vifaa vya huduma ya kwanza

ነፍስ አድን

wito wa msaada

ፖሊስ

polisi

አዉሮፓ

Ulaya

ሰሜን አሜሪካ

Amerika ya Kaskazini

ደቡብ አሜሪካ

Amerika ya Kusini

አፍሪካ

Afrika

እስያ

Asia

አዉስትራሊያ

Australia

አትላንቲክ

Atlantiki

ፓስፊክ

Pasifiki

የህንድ ዉቅያኖስ

Bahari ya Hindi

አንታርክቲክ ዉቅያኖስ

Bahari ya Antaktiki

አርክቲክ ዉቅያኖስ

Bahari ya Aktiki

ሰሜን ዋልታ

Ncha ya Kaskazini

ደቡብ ዋልታ

Ncha ya Kusini

አንታርክቲካ

Antaktika

ምድር

dunia

መሬት

nchi

ባህር

bahari

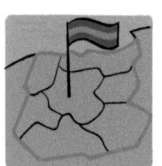

ደሴት

kisiwa

አገርና ህዝብ

taifa

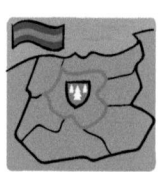

መንግስት

jimbo

78

ምድር - dunia

ሰዓት

saa

የሰዓት ገፅታ

uso wa saa

ሰዓት

akrabu ya saa

ደቂቃ

akrabu ya dakika

ሴኮንድ

akrabu ya sekunde

ስንት ሰዓት ነው?

Ni saa ngapi?

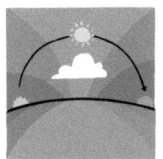

ቀን

siku

ጊዜ

wakati

አሁን

sasa

የቁጥር ሰዐት

saa ya dijitali

ደቂቃ

dakika

ሰዓታት

saa

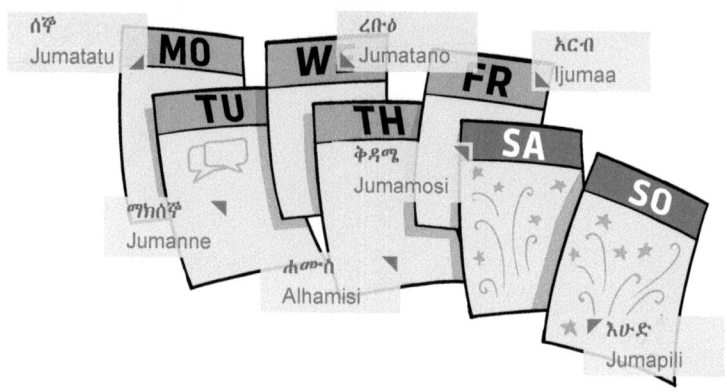

ሰኞ
Jumatatu

ረቡዕ
Jumatano

ዓርብ
Ijumaa

ማክሰኞ
Jumanne

ቅዳሜ
Jumamosi

ሐሙስ
Alhamisi

እሁድ
Jumapili

ትላንት

jana

ዛሬ

leo

ነገ

kesho

ማለዳ

asubuhi

ቀትር

saa sita mchana

ምሽት

jioni

የስራ ቀናት

siku za biashara

የዕረፍት ቀናት

mwishoni mwa wiki

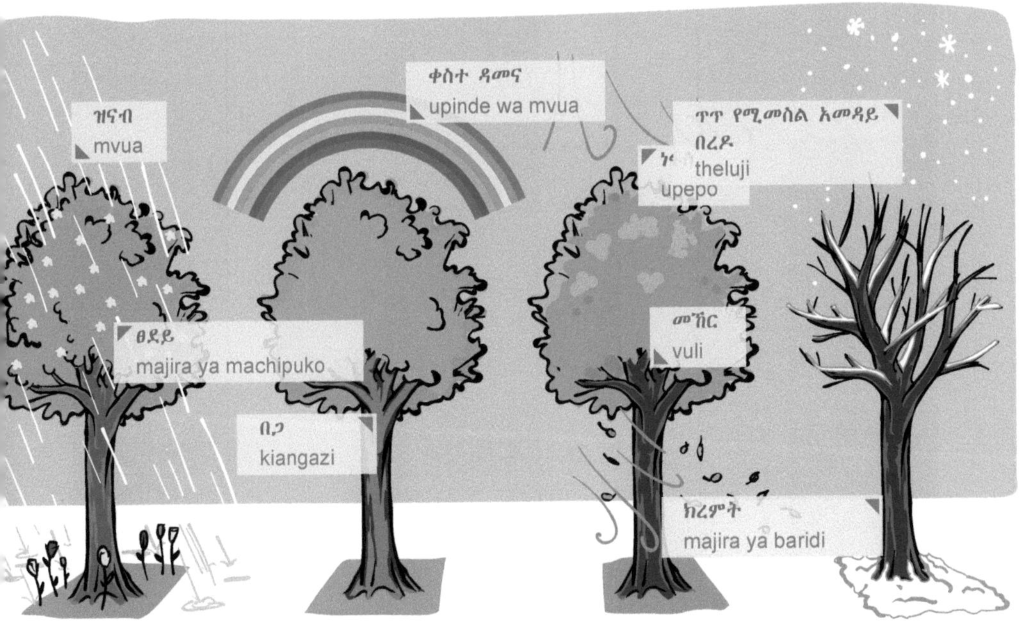

ዝናብ
mvua
ቀስተ ዳመና
upinde wa mvua
ጥጥ የሚመስል አመዳይ
በረዶ
theluji
upepo
ፀደይ
majira ya machipuko
መኸር
vuli
በጋ
kiangazi
ክረምት
majira ya baridi

4.APRIL 11°
5.APRIL 4°
6.APRIL 13°
7.APRIL 8°
8.APRIL 10°

የአየር ሁኔታ ትንበያ

utabiri wa hali ya hewa

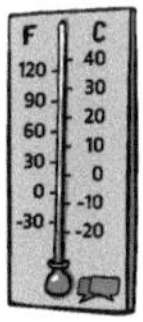

የሙቀት መለኪያ

kipimajoto

የፀሀይ ሙቀት

mwanga wa jua

ደመና

wingu

ጭጋግ

ukungu

እርጥበታማነት

unyevu

መብረቅ

umeme

ነጎድጓድ

radi

አዉሎ ንፋስ

dhoruba

የበረዶ ዝናብ

mvua ya mawe

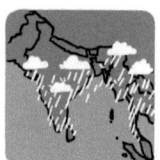

አዉሎ ንፋስ

monsuni

ጎርፍ

mafuriko

በረዶ

barafu

ጥር

Januari

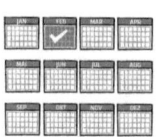

የካቲት

Februari

መጋቢት

Machi

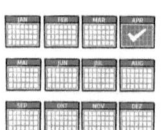

ሚያዚያ

Aprili

ግንቦት

Mei

ሰኔ

Juni

ሐምሌ

Julai

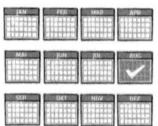

ነሀሴ

Agosti

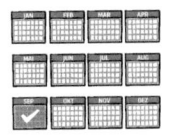

መስከረም

Septemba

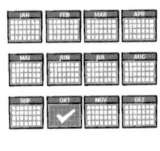

ጥቅምት

Oktoba

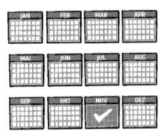

ህዳር

Novemba

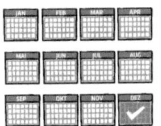

ታህሳስ

Desemba

ቅርፆች

maumbo

ክብ

mduara

አራት ማዕዘን

mraba

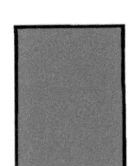

አራት ቀጥተኛ ማዕዘኖች ጎኖች ያሉት ቅርፅ

mstatili

ሶስት ማዕዘን

pembetatu

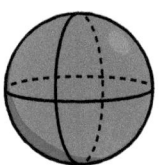

ሉል

nyanja

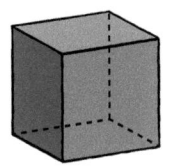

ስድስት ጎን ያለዉ ቅርፅ

mchemraba

ቀለማት

rangi

ነጭ
....
nyeupe

ቢጫ
....
manjano

ብርቱካናማ
....
chungwa

ሮዝ
....
rangi ya waridi

ቀይ
....
nyekundu

ወይን ጠጅ
....
hudhurungi

ሰማያዊ
....
bluu

አረንጓዴ
....
kijani

ቡኒ
....
hanja

ግራጫ
....
jivujivu

ጥቁር
....
nyeusi

ተቃራኒዎች

kinyume

ብዙ/ ጥቂት

mengi / kidogo

ንዴት/ እርጋታ

hasira / pole

ቆንጆ/ አስቀያሚ

nzuri / mbaya

ጅማሬ/ ፍፃሜ

mwanzo / mwisho

ትልቅ/ ትንሽ

kubwa / ndogo

ደማቅ/ ደብዛዛ

angavu / giza

ወንድም/ እህት

kaka / dada

ንፁህ/ ቆሻሻ

safi / chafu

የተሟላ/ ያልተሟላ

kamilika / tokamilika

ቀን/ ምሽት

siku / usiku

የሞተ/ ህያዉ

wafu / hai

ሰፊ/ ጠባብ

pana / nyembamba

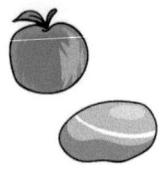

የሚበላ/ የማይበላ

kulika / kutolika

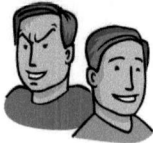

ክፉ/ ደግ

ovu / ema

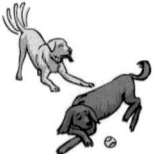

ደስተኛ/ ድብርተኛ

sisimkwa / udhika

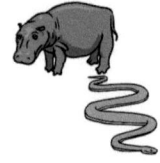

ወፍራም/ ቀጭን

nene / nyembamba

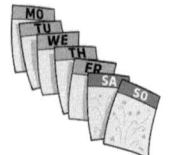

መጀመርያ/ መጨረሻ

kwanza / mwisho

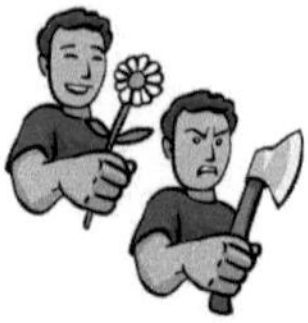

ጓደኛ/ ጠላት

rafiki / adui

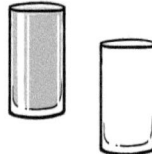

ሙሉ/ ጎዶሎ

jaa / tupu

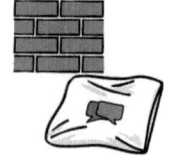

ጠንካራ/ ለስላሳ

ngumu / laini

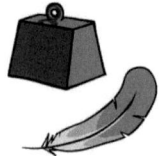

ከባድ/ ቀላል

nzito / nyepesi

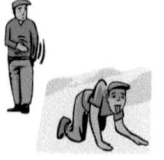

ረሃብ/ ጥማት

njaa / kiu

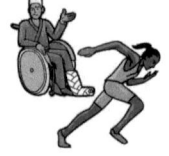

ህመም/ ጤንነት

mgonjwa / mwenye afya

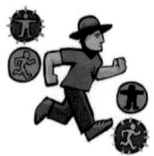

ህገወጥ/ ህጋዊ

haramu / kisheria

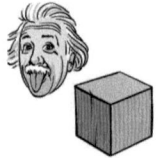

ጎበዝ/ ደደብ

akili / kijinga

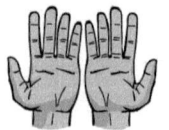

ግራ/ ቀኝ

kushoto / kulia

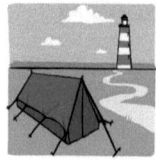

ቅርብ/ ሩቅ

karibu / mbali

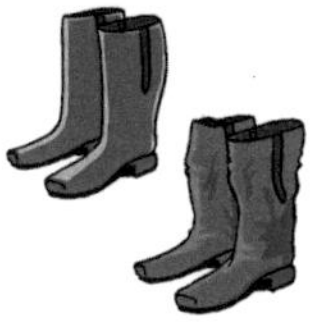

አዲስ/ አሮጌ

....

mpya / kutumika

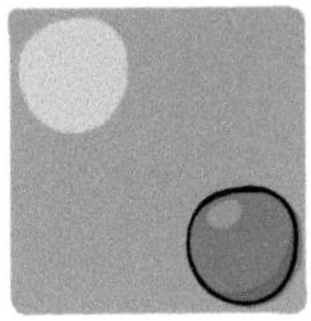

ምንም/ የሆነ ነገር

....

kitu / jambo

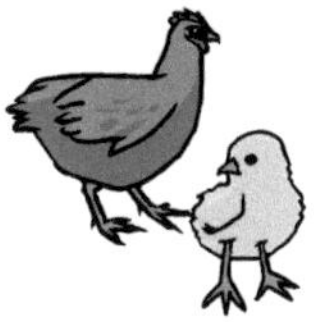

ሽማግሌ/ ወጣት

....

zee / changa

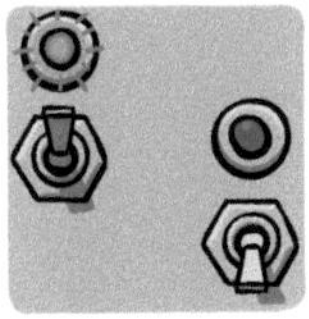

የበራ/ የጠፋ

....

waka / zima

ክፍት/ ዝግ

....

wazi / fungwa

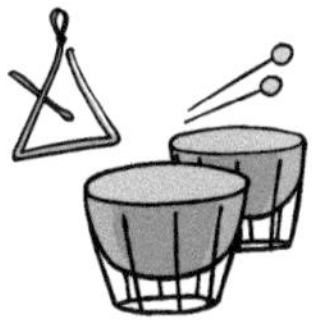

ፀጥታ/ ጫጫታ

....

utulivu / kelele

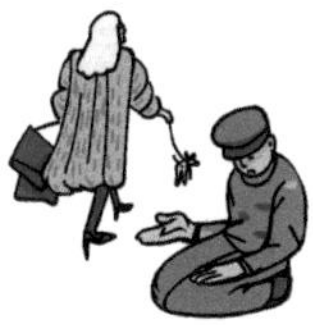

ሃብታም/ ደሃ

....

tajiri / masikini

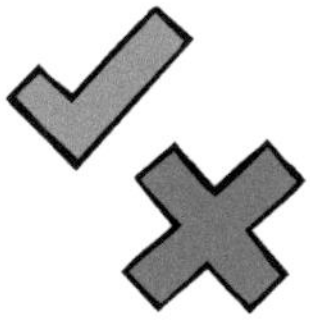

ትክክለኛ/ የተሳሳተ

....

sahihi / kosa

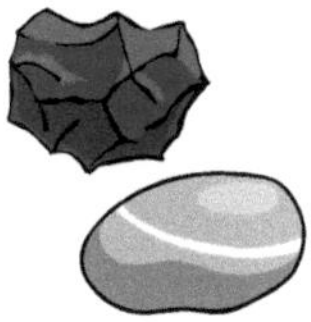

ሻካራ/ ለስላሳ

....

mbaya / laini

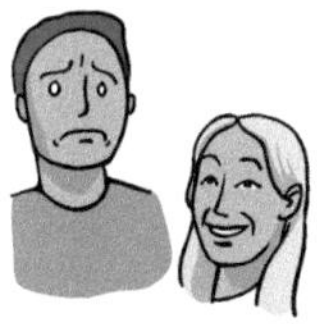

ሐዘን/ ደስታ

....

huzunika / furahia

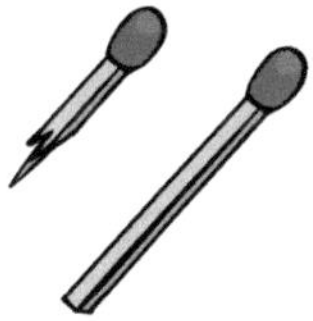

አጭር/ ረዥም

....

fupi /ndefu

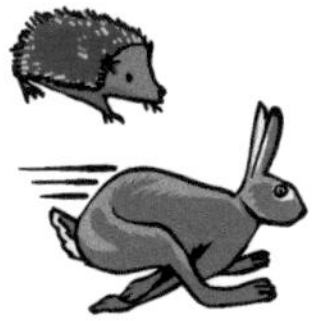

ዝግተኛ/ ፈጣን

....

polepole / haraka

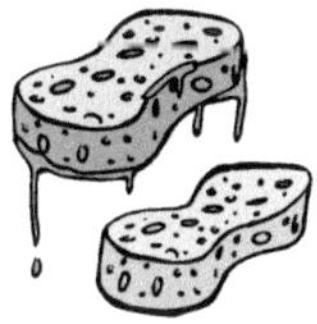

እርጥብ/ ደረቅ

....

nyevu / kavu

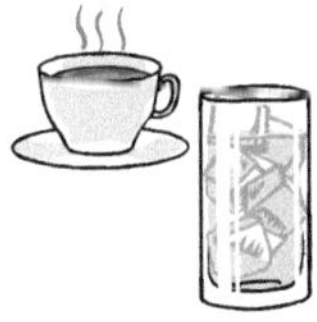

ሞቃት/ ቀዝቃዛ

....

joto / baridi

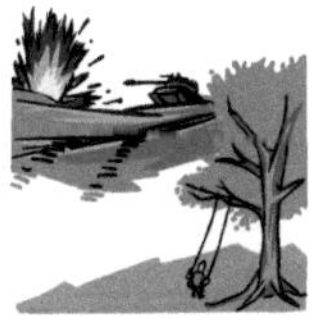

ጦርነት/ ሰላም

....

vita / amani

ቁጥሮች

nambari

0

ዜሮ

sufuri

1

አንድ

moja

2

ሁለት

mbili

3

ሶስት

tatu

4

አራት

nne

5

አምስት

tano

6

ስድስት

sita

7

ሰባት

saba

8

ስምንት

nane

9

ዘጠኝ

tisa

10

አስር

kumi

11

አስራ አንድ

kumi na moja

12

አስራ ሁለት
kumi na mbili

13

አስራ ሶስት
kumi na tatu

14

አስራ አራት
kumi na nne

15

አስራ አምስት
kumi na tano

16

አስራ ስድስት
kumi na sita

17

አስራ ሰባት
kumi na saba

18

አስራ ሰስምንት
kumi na nane

19

አስራ ዘጠኝ
kumi na tisa

20

ሃያ
ishirini

100

መቶ
mia

1.000

ሺህ
elfu

1.000.000

ሚሊዮን
milioni

ቋንቋዎች

lugha

እንግሊዝኛ

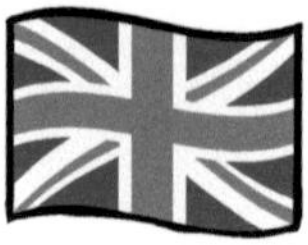

Kiingereza

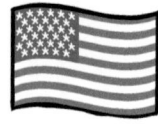

የአሜሪካ እንግሊዝኛ

Kiingereza cha Marekani

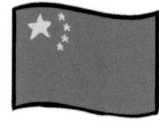

የቻይና ማንዳሪን

Kimandarini cha Uchina

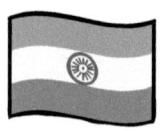

ሂንዱ

Kihindi

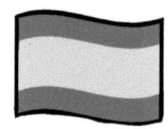

ስፓኒሽ

Kihispania

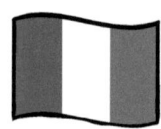

ፍሬንች

Kifaransa

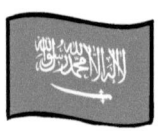

አረብኛ

Kiarabu

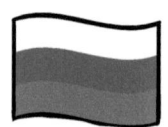

ራሺያኛ

Kirusi

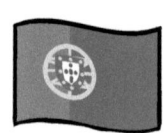

ፖርቱጊዝ

Kireno

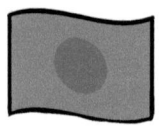

ቤንጋሊ

Kibengali

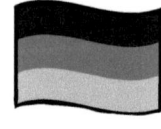

ጀርመን

Kijerumani

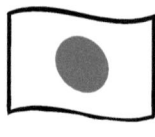

ጃፓንኛ

Kijapani

ማን/ ምን/ እንዴት
ambao / nini / jinsi

እኔ
....
mimi

አንተ
....
wewe

እሱ/ እርሷ/ እቃዉ
....
yeye / yeye / ni

እኛ
....
sisi

አንተ
....
wewe

እነርሱ
....
wao

ማን?
....
nani?

ምን?
....
nini?

እንዴት?
....
jinsi gani?

የት?
....
wapi?

መቼ?
....
lini?

ስም
....
jina

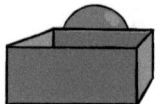

የት

wapi

በስተጀርባ

nyuma

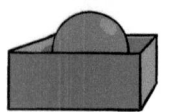

ዉስጥ

katika

ከፊት ለፊት

mbele ya

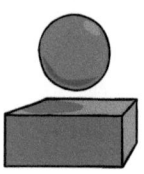

ከላይ

juu ya

ላይ

kwenye

ከስር

chini ya

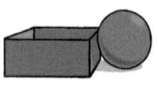

አጠገብ

kando

መሃከል

kati

ቦታ

mahali